당신은 나의 날개

권태진 지음

당신은 나의
날개

권태진 지음

성빛

책을 내면서……

하나님이 빚으신 동산
약한 곳은 사랑으로
강한 곳은 능력 입혀
하늘만큼 높여 주는
아름다운 동산에서
나는 한 마리 작은 새가 됩니다.

님은
나의 생명을 지키시고
아름다운 날개를 달아 주셨습니다.

나의 아내는 행복의 날개입니다
자녀들은 소망의 날개입니다
목양지는 영원한 상급의 날개입니다.

당신은 나의 날개
나는 당신의 날개입니다.

날개는
함께 움직여야 날아갈 수 있는 것
함께 쉬어야 행복해지는 것

가정에서 따뜻함 느끼지 못하면
깃털 빠진 새와 같습니다

당신의 수고가 없으면
날개 없는 새처럼 불행하게 됩니다.

이 글을 읽는 모두는
서로가 서로에게 아름다운 날개가 되어
멀리멀리 함께 날아 봅시다.

님의 은혜 임하시길……

권태진

님의 선물

아름다운 생각

자연의 교훈

님의 선물
님의 선물

군포에 오다

난생 처음 듣고 본 동리
군포,
성령님 인도했어요

작은 차 반만 채운
단촐한 이사

불도 없고, 물도 없고
연탄 아궁이에 물 나는 집

그래도
믿음, 소망, 사랑
능력 삼고
목회의 꿈 키웠어요.

목 회

"한시도 깨어 있을 수 없드냐"

아무도 도울 이 없던
너의 생명
내가 지켰다
그토록 빨리 잊었드냐

괴롭기야 하겠지……

이럴 수도 저럴 수도 없어
숨고 싶으나
숨을 수도 없는 위치

너를
생각만 해도 안스러워
조용히
기다릴 수밖에 없구나.

님이여

님이여
목사는 무엇입니까?

님 모르는 사람들과
마음으로도
말로도
싸울 수 없는
목사는 무엇입니까?

님이 내게 주신 대답

종아
차라리 네가 져라

아들 이기는 부모 없고
부인 이기는 남편 없고
동생 이기는 형 없단다
사랑하기 때문이지.

네게 준
내 사랑은
너 위한 은사 아니라
그들을 위한 것

너의 눈에는 '가시' 나
내 눈에는
너를 치료하는
소중한 도구란다

오 님이여!
종의 나약함
용서하소서.

님의 선물

님이 보내신 선물
하루하루 많아지니
매년 20%씩 성장!

때로는
마음,
육체,
영혼
아픔을
주는 이도 있지만

없는 것보다 얼마나 좋은가!

외양간 더러움은 소가 있기 때문이요
자녀 키우는 수고 부모의 보람이라면
성도들을 통한 수고와 시련
참목사 되게 하는 님의 선물이구나.

빗물을 눈물로 느낄 때의 추억

하늘이 운다

종이 사는 스레트 지붕을 타고
떨어지는 눈물
금세 양동이를 가득 채운다

하나님의 눈은 크시나 보다
큰 슬픔 있으시나 보다

사랑하는 종
천막 예배당으로 보내시고
혹 서러워 우시는가

하늘의 눈물은
가난과 서러움의 고난
위로하는
아버지의 큰 사랑이다.

사랑한다

알고 보니
그것이 사랑이었다

조건 없이
주고 싶고,
보고 싶고
함께 하고 싶은 것

그것이 사랑이었다

사람이 행복한 것은
사랑을 담을 그릇이 있을 때

내 아내는
나의 사랑을 담은 그릇

자녀, 이웃, 충성된 성도들
모두 사랑의 그릇

물질 담을 그릇이 크면
부자라 부르는 것처럼
사랑 담을 그릇이 많으면
사랑의 부자, 행복한 사람

님께서 날마다
사랑하는 법 가르치시니
나는 행복할 수밖에 없는
사랑의 부자.

잠

"너희가 일찌기 일어나고 늦게 누우며
수고의 떡을 먹음이 헛되도다
그러므로 여호와께서
그 사랑하시는 자에게는 잠을 주시는도다 " (시127:2)

죽은 듯 자고 나니
세상이 달라 보인다.

힘들게 일해 보지 않은 사람
휴식의 기쁨 알 수 없고
아픔과 고통으로
잠 못 이루어 보지 않은 사람
단잠의 소중함 알지 못하리라

자연은 아름다운 사랑으로 깨어나고

함께한 뼈 중의 뼈
따뜻한 시선 머무니

온 가정
행복의 태양 빛 가득하다

산이 바라보이는 베란다
님 향한 감사 기도 올리니
그 향기 하늘 열고
보좌에 이르는구나.

나의 호흡

사랑과 분별의 거룩한 빛
열린 가슴 틈 사이로 스며듭니다

아집, 고집의 정체는 부끄러움과 위선
님의 십자가 사랑 앞에 눈물로 고백합니다

내가 아끼는 그의 모습은
아버지 앞에 선 내 모습

"내 눈에 들보를 보라 하였건만
남의 눈에 티 빼려 함은 무슨 연고냐"
님의 음성 들리니
"내가 죄인 중에 괴수니라" (딤전1:15)하던
바울의 탄식, 가슴에 메아리 됩니다

용서와 사랑의 은혜 입은 나
범사에 감사함, 나의 호흡 됩니다.

육체의 성화

수렁처럼 입 벌리고
나의 날들을 삼키는 세월

작은 육체에 갇힌 영혼
마음 뜻 거스르는 몸의 탄식
위로하시는 거룩한 님

날마다 사랑으로
님을 따라 걷는다.

인생 길

흐르는 물처럼 잡을 수 없는 인생
무리지어 바다로 흘러 간다

평평한 길보다 험한 길 주십사
애원하는 물 소리
언덕 만나 떨어지니 폭포 되고

하얗게 부서지니
하얀 드레스 속
푹 배인 사랑으로 모이는구나

춤과 노래가 있는 길 택하는 생수처럼
고난 역경도 좋아하는
의인의 오솔길 삶

골고다 십자가 보혈
인생 길 바꾸니
슬픔 넘어 기쁨이 피어 난다.

에덴에서 정죄된 인간

잉태와 수고의 짐
지고 간다

가시와 엉겅퀴 정원
사뿐히 밟고
흙으로 가는
서글픈 인생아

생로병사(生老病死)의 주인
님 보혈로 입혀준 구원
질 그릇에 보배이구나

세속의 악한 영
구원 받은 나의 영혼
짓누른다

허물어져 가는 육체
성령 아닌 약물 고통으로

온종일 시달린다.

기도의 능력으로 얻은 건강
님의 권세 의지하며

믿음으로 나온 영혼
육신의 굴레 벗고
하늘을 우러러 본다.

겉사람의 종으로
속사람의 종으로…….

떠나지 못하는 마음

내 마음 머무는 곳
땅에 사는 모든 이들과 같아
염려 걱정
늪에 빠져있네

아내 사랑하고
혈육 사랑함,
성도 사랑하는 내 마음
님의 뜻 순종의 길 막나요?

님이여!
나그네길 떠나는
아브라함, 바울, 선지사, 사도들처럼
나그네 되지 못하는
부족한 종을 용서하소서.

한 쪽은

기독인들
예수님 받았다고
좋아한다

구원의 길 열렸다고
좋아한다

한 쪽이 좋아하면
다른 한 쪽은 어떨까?

한 쪽이 밤이라면
한 쪽은 낮인데……

짝사랑

날은 밤을 돌고
시간은 어둠에 삼켰구나

님은 내 사랑에 안식을 주었고
내일의 목회에 설레임 주셨구나

적막이 흐르는 밤
회중시계는
방 안에 심장되어
철썩이고
나의 영혼은
진리의 양식 사모하며 모여드는
택한 백성 보는도다

밤아
빨리 지나라
아침 태양 안고
사랑하는 이들 만나리라

심령의 메임 받으니
짝사랑도 행복의 씨 되누나

죄인을 향해 짝사랑하신 님
십자가 상의 그 맘
행복하셨겠지요.

가자 가자

가자 가자
설 수 없으니 가야 한다

서서 사는 인생도 눕고
앉아 사는 인생도 눕는데
반짝 세상 사는 동안
열심히 뛰자 뛰자

머리는 하늘 향하게 위를 보고
할 수 없는 것을 해 보자

가슴 올올이 어루만지는
거룩한 님의 능력 안에
가자 가자

나의 육
북망산 기슭 한줌의 흙으로
내려 앉는 날까지.

다 쓰고 가리다

님이 주신 모든 은사
모두 모두 쓰고 가리다

몸
마음
시간
물질

님을 위해 남김없이
다 사용하리라.

지혜자만 아는 나라

태양은 사랑으로 땅을 어루만지나
자연은 매미의 피해로 울고 있다

한숨은 땅을 진동하고
애닯은 마음 눈물 토하지만
해결의 끝은 저만치 펄렁인다

인생 일장춘몽이라지만
사는 날 장난이 아니니
살 수도 죽을 수도 없이
세상 결박에 신음하며 사는 인생

푸른 잎 누렇게 시들고
빨간 감나무 열매 드러내
봄 여름 가을 수고 결실 보일 때

주인 없으면 까치밥 될 텐데
그 서러움은 또 얼마인가!

오호라
물 흐르듯 가는 세월에
종이배 타고 가는 인생

이래저래 가는 길
님 만든 구원의 오솔길 택해
낙원으로 가련다

같은 세월 타고 가도
님 안에 있는 성도
낙원의 누릴 자 됨
지혜자만 알겠구나.

님의 가슴으로 세상 보면

태양이 동녘에 솟으면
사명 분주히 감당하고

저녁노을 붉게 물들면
하루 추억을 돌아보며
휴식의 잠을 준비하리라

가는 세월 따라 변화하는 모든 것
당연히 받으리라

악한 사람 만나 고통 오면
주님 생각하면서 성화 이루고

충성된 사람 만나면
함께 구원 사역 이루며
님의 은혜 찬양하리라

이래도 저래도 좋은 것

주위 환경 잘못되어
손해 보는 듯해도
주위 실력도 내 실력이니
원망하지 말자
혼자인 것보다 행복하리라

범사에 감사하며
모두와 함께 동행하리라.

행복한 가족

행복한 가족

그리운 어머니

아무리 불러도
목마른 이름, 어머니

그분은
작은 산 오래된 숲에
말없이 계십니다

아버지 일찍 잃고
어머니만 바라보던 아들
애닮은 그리움
몰라라

10년 전 어느날
아버지 곁으로 떠나시고
이제 목마른 이름만 남아

어머니!
자그마한 나의 성

나의 바다
어머니 품이 그립습니다

어머니 간절한 기도로
복 받은 아들
건강한 교회, 행복한 가정의
날개가 되었습니다.

어머니와의 추억

반세기 전
부엌에서 콩깍지 태우시며
대성통곡하시던
어머니 절규,
지금도 들립니다

남편 잃은 여인
뜨거운 여름에
그늘도 없이 헐벗어

토끼 같은 두 아들 힘에 겹고

"아들들을 머슴으로라도 보내야지"
"재혼해라" 하시는 집안 어른들 성화

피처럼 흐르는
어머니 눈물
지금도 보입니다

어머니!
고기 먹고 싶다고 울던 아들
이젠
어머니 착한 성품 배워
노인들 돌아보고

"목사가 기도해야지 잠 자면 되나"
어머니 목소리 들리는 듯 해
항상 기도합니다

눈물로 씨를 뿌리는 자
기쁨으로 거두는 진리
뼈 속 깊이 기억합니다.

둘이 하나로

처녀
총각
둘이 하나로
사뿐히 밟은 색동길
작은 문간방 둥지

남편은 신학생 꿈
아내는 생활 전사

고단한 문 틈으로
숨어든
질병의 얼룩, 가난의 그림자

버거워서 버거워서
쫓겨간 삼각산 기도원
40일의 통곡

뒤돌아보니

그 눈물은
우리집의 든든한 기초

님이
사랑으로 시키신 훈련
감사로 노래하네.

처음 사랑 꽃 피우누나

철부지일 때
둘이 하나로
색동천 밟고 만든
행복의 둥지

사랑의 열매 대롱대롱
축 늘어진 가지
사랑의 보듬음으로 힘을 얻고

하얀 피부 통통한 얼굴
청춘 남녀의 아름다움들
세파에 떠내려 가는구나

막을 수 없는 늙음
잡을 수 없는 젊음
평안하게 맡겨라

얼마를 살았든지

이제 다시 돌아보자

처음 사랑 꽃 피워보자
때 묻지 않았던 그 순수함
가슴 꼭꼭 동여매고 가꾸던 때
헤어지면 만나고 싶었던
청년의 때로 돌아가자꾸나

세파에 헐어버린
행복의 옷을 수선하자

이젠 사랑하자
아이처럼 활짝 웃고
수줍음을 미소로 꽃 피우는 너
님의 은혜 속에서 복 받는 너여!

물댄 동산으로 자자손손
복의 그릇 되려무나.

신혼의 추억

훈련 중인 가난한 주의 종은
아내의 단칸 자취방
부엌도 없는 남의 집 문간방에서
신혼의 꿈 키웠다

친구들이 말리는
키 작고 돈 없는 총각
님이 꿈 속에서 골라 준 남편감이라며
결혼해 준 아내

다니러오신 장모님
어두운 지하부엌 더듬더듬
기름 대신 세척제 퐁퐁으로 부침게 해 주신 것
맛있게 먹었다

신혼의 단꿈 미래에 투자하고
나는 학교 아내는 직장
밤낮을 바꿔 살며 못 만나는 날도 많았는데……

조금만 참아

직장에서 돌아오는 아내에게
문열어 주면서 했던 말
"조금만 참아 내가 꼭 행복하게 해 줄게"
마주 잡아주는 아내의 손은 아주 따뜻했었다

고생하던 아내
병원에 입원했을 때
아무도 모르게 혼자 울었다

목회자 훈련의 길 너무 고단해
포기하려 했던 죄 때문에
아내를 잃는 것은 아닐까…….

한양대 뒷동산에서
소리없이 흘린 회개의 눈물
님이 들어 주셨다.

이사 오던 날

태중 아기와 군포로 이사 오던 날
살림은 고작 삼륜차 반쪽
처녀 때의 가방 두 개와 책이 전부,

아내를 아는 이들
불쌍하다고 울었었다

신혼 둥지는 월세방
교회는 텐트 교회당

난 복음 전하고
만삭된 아내는 청소에 분주

배고픔의 서러움
사랑으로 이겨내고

목양을 위한 훈련
잘했다 칭찬하실 그분 위해

열심히 기쁘게 뛰었다

추억 속의 내 아내
아담의 말처럼
"뼈 중의 뼈 살 중의 살"

아픔을 추억 만드시는 하나님이
내게 주신 소중한 선물.

아내여!

하얀 백옥처럼 예뻤던 아내
곱고 아름다웠던 미소의 아내
목회 뒷바라지에 지쳤나보다
자꾸만 쉬고싶단다

나를 따라 달리기 27년,
이제 수고의 만나를 주어야 하는데……

긴 세월 숨겨둔 상처
보듬어 주어야 하는데……

오! 님이여
날마다
헌신으로 살아온 아내
건강하게 하소서!
언제나 함께 걷게 하소서!

식탁에서

하얀 그릇에
가지런히 담긴
아내의 정성

보글보글
지글지글
향기로운 정성

행복한 가족.

함께 가요

당신의 잔잔한 미소 속에
외로움과 불편함이 서렸구나

알알이 박힌 석류처럼
많은 날들의 희로애락
애한의 열매이구나

당신아!
설산의 물처럼 미련없이
돌개천 뒤로하고 바다로 가듯
낙원의 좁은 길 따라
행복으로 가요

우리
노력하며
함께 가요.

남이 할 수 없는 일

물 긷고 빨래 하는 일 좀 도와주세요
아들 좀 대신 돌봐주세요

우리 집에 손님 오셨는데 손이 모자라요
병원에 입원했는데 간호 좀 도와주세요

목회 25년
헤아릴 수 없는 도움의 손길
받고 또 주었으나

이젠
도움 받을 수 없는 것이 있음을 알았습니다

연약한 아내의 건강
아무도 도울 수 없고

힘을 잃은 내 육신
아무도 대신할 수 없습니다

노년의 부부는
서로를 받쳐주는 버팀목

서로에게
좋은 만남으로
사랑하렵니다.

한보

설악산을
아내와 오른다

반보로 걷던 아내
이제는 한보로 걷는구나

나와 함께 걷는
아내의 한보
건강한 그 걸음걸음을

설악산이
빙긋 반겨 웃는다.

사랑

당신 얼굴의 평안함
내 마음의 평안함 되고

환한 웃음 피어나면
내 마음 기쁨의 샘되니

난
당신을
진정으로
사랑하나 봐.

헤어져도 후회없이

여보
당신을 사랑해요

몇 번이고
당신을 놓칠뻔했지만
님의 은혜로
오늘까지 동행하는군요

천국이 있음을 믿지만
이별의 서러움은
목사도 별 수 없네요

누가 먼저 갈지는 모르지만
있을 때 잘 해 주기로 해요
후회없도록

갈릴리호수에서
풍랑 만난 제자들을 찾아가듯

목회 현장으로 함께가요

행복은
환경을 다스리는
능력이 있잖아요

믿음의 조상으로
부끄러움없이 살면
자녀는 행복후손이 될 것을 믿고
욕심버리고 살아가요

우리는
검은 머리 하얗게 바래도록
사랑하는 님 안에서
좋은 부부되길 믿어요.

사랑해요

당신의 행복이
밑빠진 독이라 해도
당신을 만족케 할 수 없다 해도
내 마음에
당신을 조용히 품고
님이 주신 평안을 함께 나누면서
사랑해요.

부모와 자녀

아들이 군에 입대하니
나도 군인되고
군인을 만날 때마다
아들처럼 보인다

군종병되어 사역할 때
기도 응답 주신 님께
감사의 손 모으고

다리 다쳐 병원 입원할 때
제설작업하다 갈비뼈 다쳤을 때
눈물의 기도로 손모으고

부모와 자녀는
사랑으로 연결되나니

아들아
너는 나의 행복이란다.

아버지의 노래

얼굴 한 번
찬찬히 들여다 볼 새 없이

오직
목회 · 기도 · 공부
성도 돌아보는 일
자나깨나 호흡하듯 주의 일만 하는 동안

예쁘게 자란 고운 내 딸

다섯살 우리 은혜
피아노 보내 달라더니

초등학교 5학년부터
반주하는
나의 목회동역자

20년을 하루같이

열심을 다 하는
나의 동역자

이제는
우리 가족 모두
소명을 함께 하는
나의 동역자.

자녀들아 · 1

나의 사랑 머무는 곳
님이 주신 소중한 선물

뼈와 피도 물려 받고
모양도 닮은 꼴

성질까지 닮았으니
습관도 닮겠구나

사랑하는 자녀들아!
어릴 때 힘든 기억은 닮지말고

님의 품에서
진리 따라 행복을 노래하는
그 부분만 닮으려무나.

자녀들아 · 2

전화로 너를 찾으면
어김없이 들려오는 나직한 노래소리

나는
아름다운 그 노래보다
투정 섞인 너의 음성이
더 아름답다

나의 피와 살,
정성스런 마음이
너에게 가득하기 때문에

너는
그 모습 그대로
사랑스런 나의 자녀이다.

나의 보배

하나님이 주신
나의 보배

나의 목회를
돕는 충성스러운 동역자

어머니처럼 위로하고
아내같이 보살피는 모습

철부지로만 알았는데
어느새 하나님을 알고
사람을 볼 줄 아는 지혜도 가졌구나

고맙다 딸들아
하나님이 원하는 남편 만나
행복하여라
나의 보배들아.

첫딸 태어날 때

첫아이 잉태해
한양대 병원에 가니
자궁 혹 자라
태중 아이 위험하다고

그래도
포기할 수 없는 안타까운 부모 마음
님의 은혜 간절히 기다리니
님이 그 소원 들어주셨다

태교는
천막예배당 청소
가난과 허기짐에
묵혀버리고

해산의 날 산고는
추위와 고통이
삼켜버리고

혹 아들아이 태어날까
성근이라 이름 지어났는데

예쁜 딸 태어나니
님의 은혜 감사해
은혜라 하였다.

성애 태어난 날

은혜가 2살, 교회는 3살
개척교회도 생명체라 홍역을 하는지
가까웠던 사람 교회에 등 돌려
호된 열병 앓고 있는데
성애가 태어났다

울음도 많은
2.7kg 짜리 연약한 아가
그래도
반짝이는 눈동자 보고 총명함 믿었다

여유 있고, 아담하고
지혜롭게 자라는 딸

아빠의 기도는
영통 물통 형통의 길 걸으며
힘 있고 행복하길
손 모은다.

봄

눈 덮힌 산에
따스한 봄빛

하얀 드레스 신부
신랑의 품 파고들듯
눈 덮힌 산
봄의 품으로 파고드네

이 봄엔
사랑하는 딸아
꼭꼭 닫아 건 하얀 맘에
사랑의 싹 틔워
행복을 노래하려무나.

성근이 태어 난 날

아내는 산고의 인도 받아
박형임 조산소로 들어가고
난 장례식하러
충청도 갔다

돌아 오는 길,
도톰한 장갑 한 컬레 사들고
아내에게 갔다

아들 해산한
아내의 환한 얼굴

남들은
초상집에 다녀와서 부정탄다하지만
예수 믿는 사람은 아무 상관없어

모두가 전능자의 권위 아래 있으니
구습에서 해방.

아들

성근이 태어나니
할머니 좋아라

포대기 들추고
고추다 고추
환하게 웃는 노모의 모습

아들의 대물림이
조상의 행복이었나보다.

운동회 날

운동회날
금요일 구역장공부 마치고
달려가니 점심 때가 지났었다

모두 부모님과 점심 먹는데
너희는 화장실 뒤에서
울고 있었지

믿음의 아들 이삭
모리아 산에 결박하고
칼 들이대는 아버지를
이해할 수 있었을까?

내 목회의 길이 너희에겐 유익인 것을
아직은 이해하지 못하겠지만

주님께 의지해
용기와 믿음과 기도, 사랑의 사람이 되렴.

성지순례 가는 날

10살박이 아들
비행기 사고로
사람 죽은 것 보았는지
염려되어

"이건 만약인데
비행기사고로 아빠 엄마 죽으면
우리는 어디에서 살아요"

"여긴 교회라고
집사님들이 나가라면
누나와 어디서 살아요"

목회 15년,
달팽이처럼
돌아다니는 모습이
어린 마음에도
불안한가 보다

염려 마라 아들아

영혼구원 사역에는
영육의 풍성한 열매가
꼭 온단다.

너는 사랑의 열매

아들아
너의 존재는 사랑이다

너는
큰 사랑의 본체이신
하나님의 자녀

사랑의 열매로
내 아들이 되었다

사랑이 없었다면 너도 없는 것

아버지 닮은 성품 있으면
참 아들

타락과 미움 있으면
포도나무에 맺은 다른 열매
이 모순을 용납할 수 있느냐.

아들의 부탁 들을 때 난 행복하다

"아빠 한번만 저를 도와 주세요"

아들의 마음을 알고도 남는 아버지,
도울 능력 있다고 믿어 주니 행복하다

육신의 아버지도
아들 부탁 거절하지 않는데
하물며
사랑의 하나님 아버지는…….

기도하는 것은
하나님을 영화롭게 하는 것

아들의 소원을 위해
늙은 아버지는
오늘도
하나님께 무릎을 꿇는다.

입대한 아들

군대는 꼭 가야지 했지만
아들 입대 후,
그래도
마음은 무거웠다

나도 그 나이 땐
빽없는 사람이나 군대 간다고
불평했는데
지나고 보니 몸에 좋은 쓴 약

사랑하는 아들아
힘들어도 온전히 인내하라

인내는 쓰지만
얻어지는 건 달콤한 꿀맛이려니.

아들 훈련 받을 때

강원도 고성에 있는 부대로
입대한 아들
훈련이 힘 들었나 보다.

편지 속 메모지에
아빠 Please help me!

훈련병들이 예배 드릴
교회 찾아
햄버거 가지고 갔다

잘 익은 홍시처럼 달아오른
아들의 얼굴
금방이라도 쏟아질 것 같은 눈물

그러니
가정의 소중함은
떠나 본 사람만이 아는 것을…….

군인교회에서

아빠가 설교하러 올 줄
생각도 못했겠지

예배당 중앙에 앉은 아들
강단의 아버지 보고
큰 눈이 더 커진다

아빠도 경험해 본 이등병시절
힘 들고 울고 싶을 때
부모님 나타나니 얼마나 좋았을까

선물로 가져간 콜라와 햄버거도
아빠만큼 좋았으려나

국방의 의무, 신선한 추억
아버지 나이 되면 알겠지

많은 장병들 속에서도

아들의 모습
제일 먼저 눈에 들어오듯

하나님도
택한 백성, 님의 자녀들
이렇게 사랑하시겠구나

깨닫고 보니
하나님께 맡긴
나의 삶은
오늘도 평안하다.

하나님의 택한 아들

목회에는 자유 없다고
신학교 안 간다더니
어쩔 수 없이 신학교 가잖냐

일년을 갈등하고
군대 가더니 군종병 되었잖냐

그리고 이제
"좋은 목회자 되겠어요" 하는 것 봐라

네가 하나님 택한 것이 아니라
하나님이 너를 잡고 계신단다

인생의 행복은
하나님을 포구 삼고
님의 품에서 순종할 때인 것
그것만이 참 행복인 것을.

목사는 귀한 것

그릇은
사람이 사용하는 그릇이
복이 있고

사람은
하나님이 쓰는 사람이
복이 있단다

거룩한 님의
도구 되어
의롭게 살아라

영원히 후회없는
삶이 될 것이다.

지혜자의 준비

아들아, 준비해야 한다

목마르기 전
샘을 파는 수고를 하고

전쟁이 일어나기 전
군사를 대비하고

노년이 오기 전
그때를 준비해야 한다

목회를 하기 전에
목회를 준비하고

인생이 끝나기 전
천국을 준비해야 한다

아들아

무엇을 하고 있느냐?

내일은
내 날이 아니다

그날의 주인은
님이시니
준비도 주인님의 뜻대로 하는 것,
지혜자의 자세란다.

아들에게

한 성도가 건네 준
하얀 봉투엔
따뜻한 마음 듬뿍 들었더구나

과거엔
목사 보면 행복했는데
요즘엔
너무너무 힘들어 보여 마음이 아프다더구나

오랜 세월
같이 하지도 않았는데
집사 된 지
두 달밖엔 안되었는데
어느새 이토록 사랑하는구나

너도 먼 장래
성도의 이런 사랑 받으면
당연시 여기지 말아라

가장의 몸은 가족의 것
목사의 몸은 성도의 것
성령과 사랑의 줄에 매임을 알고
나보다 우리를 생각하자

작은 정성을 크게 보고
님 모신 나귀처럼 겸손만 하여라

누군가의 후임이 되면
기존 성도 귀히 여기고
3년 지날 때까지는
네 주관 내세우지 말고
전임자 수고 알아 주고
함께 심은 이들 소외시키지 말고

사랑과 화평으로만 하려무나
사랑하는 아들아.

아들아

고기를 찾아 다니지 말고
고기를 모여들게 하라

고기를 위해 집을 짓고
해초를 키우라

신선한 음식을 공급하라.

아버지의 기도

자녀들이 결혼할 나이가 되니
처녀 총각을 눈여겨 보게 된다

내 자녀들 개척 때 고생했는데
좋은 짝 만나 행복하게 잘 살아야지

아빠는
너희 위해 늘 기도한다.
꼭 행복하게 될 것으로 믿는다.

아름다운 생각

아름다운 생각

생각

좋은 사람 생각하면
모든 사람이 다 좋아보이고
닮은 사람만 보아도
마음에 평화가 있어요

예쁘고 고운 자녀 생각하니
모든 청년 다 아름답고
사랑하고 보살펴야 할
내 자녀로만 보여
마냥 행복해요.

인생

쉼 없이 방황하고
두려워하고 있다

세월 속에
만나고 헤어짐 속에
마음 둘 곳 없어
방황하고 있다

한 그루의 나무처럼
싹 트고 성장하다
열매 남기고
수명을 다하면 흙으로
떠나는 육체

그 너머 낙원
예비하신 님이 계시니
그제사
행복을 노래한다.

꿈

내일의 성공을 꿈 꾸는 이들은
오늘의 수고를 즐기며

내일이 없는 이는
수렁에 숨어 쾌락을 즐겨

오늘의 연구, 헌신, 감사
파종의 수고는
내일로 가는 행복의 열매

모두를 복 되게 하는
영원의 약속.

아름다움

누구 보기에 아름다운가

님의 눈엔
어떻게 보여질까?

님께서 아름답다실 때까지
사랑의 마음을 가득 채워
생명향기 아름다운
꽃 피우리라.

한 방울의 능력

천장에서 빗물이 떨어진다.

양은 세수대야 받쳐 놓으니
소리가 요란하다

딱딱 풍폭
장마와 밤을 세운다.

빗물 한 방울
아무것도 아닌 줄 알았는데
어느새 대야를 가득 채운다

아!
작은 것도 모이면
큰 것이 되는 것을

밤새도록
비의 가르침을 듣는다.

강자

약자는
칭찬할수록 강해지고

강자는
누릴수록 강해지는 진리

택한 백성의
삶에서 피어나요.

조화

봄엔 희망으로 움 틔우고
여름에 푸른 잎 덧입더니

바람 장단 춤 추는 가을엔
색색 고운 옷, 젊음을 벗어버리고
가슴엔 수줍은 듯
아름다운 열매 드러낸다

겨울의 산과 들은
하얀드레스 입은 신부,
가지마다
눈꽃 아름답다

아!
님이 만드신 자연의 조화는
신비의 지혜이다.

마음

내 마음에
님의 뜻 채우리라

내 마음에
님의 사랑 채우리라

내 마음에
님의 소원 채우리라

영혼 사랑의 뜻
구원의 열정을
불씨로 지피우리라.

평가

당신의 인생을
한마디로 표현하라면
뭐라고 할까?

먹다 자다
돈과 명예 위한 뜀박질

오직 영혼 구원
사랑의 실천

당신 인생의 평가는
그 나라에서 있어요.

인생성공

인생이 무엇이냐고
누가 물어 본다면
행복은 무엇이냐고
질문할래요

인생을 아는 사람이면
행복도 알게 되지요

무엇으로 만족하느냐고
물어 온다면
누구와 비교하느냐고
질문할래요

주어진 대로 살고
좁은 길 가면서도
자족하고 살면
그것이 행복이지요.

눈

정죄하는 눈
모두모두 다
나쁜 사람처럼 보인대요

연애 좋아해서 문란한 눈
모두모두 다
그런 사람으로 보인대요

좋은 눈은
좋은 것 보는 눈

좋은 마음은
좋은 것 보는 눈에서부터
시작하는 것

당신의 눈엔
사랑이 어떻게 보이나요.

사랑인 줄 알았는데

사랑인 줄 알았는데
욕심이었습니다

봉사인 줄 알았는데
투자였습니다

분별 없으니
선악 분별치 못함은
당연한 일

이해와 용서만이
우리의 식량입니다.

고향

세월 많이 변해
내 고향 뒷길로
버스 다닌다

십리 걸어야 볼 수 있었던 차
동구 밖 공터에 쫓겨나 서 있다

볏집 이엉 곱게 올린 정교한 용마름
단정했던 초가 지붕
스레트 지붕으로 변했다

참새 둥지 틀고
겨울밤 안식한 초가지붕이
스레트 지붕 위
잔상으로 남는다

부잣집 친구 착실한 농부되고
가난해 배고파 울던 나

목사 되었다

경운기 소리
작은 동리 진동하는데
난 고향을 등진다.

생명을 보게 하소서

혼돈과 공허가 엄습합니다
보배는 숨겨지고
질그릇만
보여지려 합니다

외모와 행위에
생명의 소중함이
가리워져
귀히 여겨지지 않습니다

탕자를 보는
아버지 맘 숨고
행위만 보고
냉대하는 형의 모습

오호라 사망의 골짜기
님의 은혜만 생명이구나.

자연의 교훈

자연의 교훈

휴가

정신없이 자고 싶다
그래도 나의 무의식은
생각 목회의 선로를 달리고
습관 목회는 성경보고 기도하며
내일을 준비한다

눈 감으면 어려운 성도들 생각나
'님이여 이들을 붙들어 주소서'
기도하고……

이번에는 푹 쉬고 건강해져서
새로운 각오로 일 하겠다
다짐해도
젖먹이 둔 엄마의 휴가처럼
마음에 맴도는 이름들 있어

목회자의 진정한 휴가는
천국에 가야만 있는 것이려니.

여행

도망치듯 떠난 여행
입원하듯 들어간 숙소
태평양 아름다운 섬, 사이판

모두들 아름답다는 섬이
나에겐 아름답지 않았다

며칠 쉬고 나서야
파도도 보이고
넘실대는
색색의 아름다움도 보이고

자연은
눈이 아니라
마음으로 보는 것이다.

싸이판에서

산호초 위 헤엄치다
물고기떼 만났다

산호와 해초 맴돌던 물고기들
내 기척에 놀라
저만치 화석 무지 틈에 숨는다

바다 속 물고기 모으려면
산호 되고 해초 되어
그들의 숨을 곳이 되어야 하는데

교회에는 무엇이 있어야
사람이 모일까?
믿음, 소망, 사랑이 있는 곳에
님의 백성 모이겠구나

바다는 한편의 설교 되어
내 심령을 새롭게 한다.

해변에서

파란 하늘에
흰구름 서성이고
솔바람은
바다를 노 젓는다

하얀 파도
모래사장을 쓰다듬고
정열은 방파에 입 맞추니
야자수잎 좋아라 춤추네

이름 모를
나무들의 함성

길손은
해변의 신선한 공기에
사랑의 미소 짓는다.

미시령 대명에서

95년 어느날
폭설이 길을 삼켰다

형체도 없이
길을 묻어 버린 눈
분주한 제설작업

내일은 주일
위험 무릅쓰고
거북이처럼 돌아오니
주일 새벽 시간

남이 대신 할 수 없는 자리
생명을 걸고 돌아온 길

필사의 정신으로
강단을 지키게 하심도
님의 큰 은혜였구나!

울산바위

울퉁불퉁 검은 바위
하얀 눈 너울 두르고

설경의 허리 휘감으니
님의 신비
그 자태 아름답다

울산바위야!

눈 밭

하얀 눈 위로 퍼지는 햇살
빛발 터는 소리

앙상한 나무들
하얀 눈 소복
소리없이 벗어 내리고

군데군데 드러내는 살
장난꾸러기 무릎 같아

입혀주고 벗겨주는
자연의 신비
바라보는 길손의 미소.

파도

파도는 밤새도록
철썩 철썩 짖어대다
새벽녘에 잠이 들었나보다

잠 자는 파도 위로
이슬처럼
보슬비 내린다.

오늘 밤
파도가 노래했으면

님을 향한 신비한 노래
내 마음에도 들렸으면……

경포대에서

끝없는 바다 바라보며
보이지 않는 내일을 본다

바다만큼 넓은 세상
모래알처럼 많은 일들

변함없이
위대한 자연은
전능자의 능력만큼 영원하다.

바다

당신은 나의 날개

아름다운 바다
생명 품은 바다
밤 맞으니
칠흑 빛 토하고
깊은 잠 빠진다

낮은 빛으로
밤은 어둠으로
온 몸 잠그니

조물주 신비함
드러내는구나.

자연의 숨길

까만 밤 지나면
동녘의 붉은 해 솟아나는 것이
자연의 이치

밤을 빛으로
낮을 암흑으로 만드는 이
누구일까?

자연의 색깔 돌려주어
밤은 밤 되게 하고
낮은 낮 되게 하자

조물주 만드신
빛과 어둠의 원리대로
영혼과 육체의 균형 잡힌
낙원의 백성 되어
자연의 숨길따라
살게 하소서.

보이지 않는 힘

쉴새없이 흔들어대는
나뭇가지 누가 흔드나
보이지 않는 힘
나뭇잎 어루만지니
좋아라 춤을 춘다

눈에 보이지 않는다고
바람 부인하면
정신없는 사람 되겠지

신의 활동은 피조물 통해 나타나니
님의 능력으로 영혼이 구원되고
회개의 능력 피어나니
모두가 형통의 동산
거니는구나.

봄이 오면 고통스러워

하얀 빛 가랑비 되어
온 땅을 적시고
파란 색 겨울잠 깨어
기지개 키며 일어 나는데

오늘따라 하늘은
뿌연 황사(黃砂)로 가득

어젯 밤 뉴스에서
노약자는 외출을 자제해야
기관지 보호 받을 수 있단다

아름다운 지구가
상처의 아픔을
하늘로 날려 보내는 것을 누가 알겠는가

봄이 오니 더 큰 고통이 생기나 보다.

변화

봄의 옷 파란 빛
군데 군데 수 놓은
아름다운 진달래, 철쭉

여름 옷 푸른 빛
바람의 사랑 따라
산자락 휘감는 춤

가을 옷 색색의 단풍
노랑 빨강 알알이
만족으로 품는 열매

겨울 옷 하얀 눈꽃
속살에 파고 드는 찬바람
개울물 노래를 멈추고
그늘진 외로운 숲 속엔
제 혼자 소복이 쌓이는 눈

인생 사계절의 조화
행복과 사랑의 은반 멜로디
심령에 파고드는구나.

월악 송어장

산 비탈 타고 흐르는
청수 막아
송어 키우니
좋아라 헤엄치다

허기진 길손 임하니
식당 주모의 작은 초망에 걸려
한 접시의 회로
온 몸 살랐구나

고추 상추 된장 초장 메추리 알
곁들여서
희생으로 덮였구나

님의 백성 조용히
기도 손 모으니
송어는 웃고 있구나.

어머니 마음

- 김희연 사모

아들 군에 보내고
비로소
돌아가신 어머니 맘 알아
때 늦은 후회의 눈물
하염없이 흐른다

남의 아들 군대 갈 땐
당연한 줄 알았는데
막내 아들 군에 보내고나니
자꾸만 눈물이 나

믿음 없이 보일세라
숨 죽여 흐느끼는데

하늘이 내 맘 알아
폭우로 쏟아지고
윈도우 브러쉬 두 손으로
연신

눈물을 훔쳐 내린다

"남자는 군대가야 사람 돼"

월남전 참전 용사인 남편
담담하여도
엄마인 내 마음
안타깝기 그지없다

'거룩의 사랑 나누면서
꿈을 키우는 아들되게 하소서'

고개 숙여 기도 드리며
아들 녀석이 있는 강원도로 간다.

초판 1쇄 발행 | 2004. 5. 10.
2판 1쇄 발행 | 2004. 8. 23.

지은이 | 권태진
발행처 | 도서출판 성빛

출판등록 | 제 96 21호
경기도 군포시 금정동 870-10호
대표전화 031-397-6754 팩스 031-397-9241
홈페이지 www. gunpojeil. org

ISBN 89-87187-14-4 03230